© 2016 Verlagshaus Jacoby & Stuart, Berlin
Alle Rechte vorbehalten
ISBN 978-3-941087-20-0
Printed in Latvia
www.jacobystuart.de
Unsere Trailer auf www.youtube.com/jacobystuart

LILLI L'ARRONGE

Du und ich
wir beide

VERLAGSHAUS JACOBY 🏠 STUART

In diesen turbulenten Tagen
stell'n sich mir so manche Fragen.

Ist vom Schicksal vorbestimmt, welchen Weg die Liebe nimmt?

Oder können wir entscheiden, ob wir lachen oder leiden?

Woll'n wir synchron
an Halmen saugen?
Sag ich: Du hast
so schöne Augen?

Kommt die Liebe
klamm und heimlich?

Oder laut und knallt unheimlich?

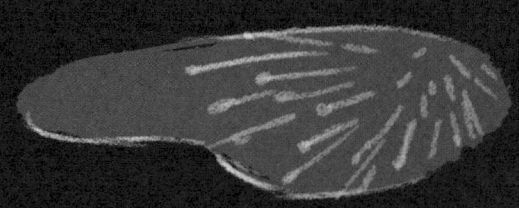

Oder so wie Online shoppen?

Darf man sich manchmal richtig kloppen?

Wo ist die erogene Zone?
Steuern alles die Hormone?

Wer hat das dritte Tor gemacht?
Was ist nochmal zwölf mal acht?

Geh ich heim?
Bleib ich hier?

Wer kauft neues
Klopapier?

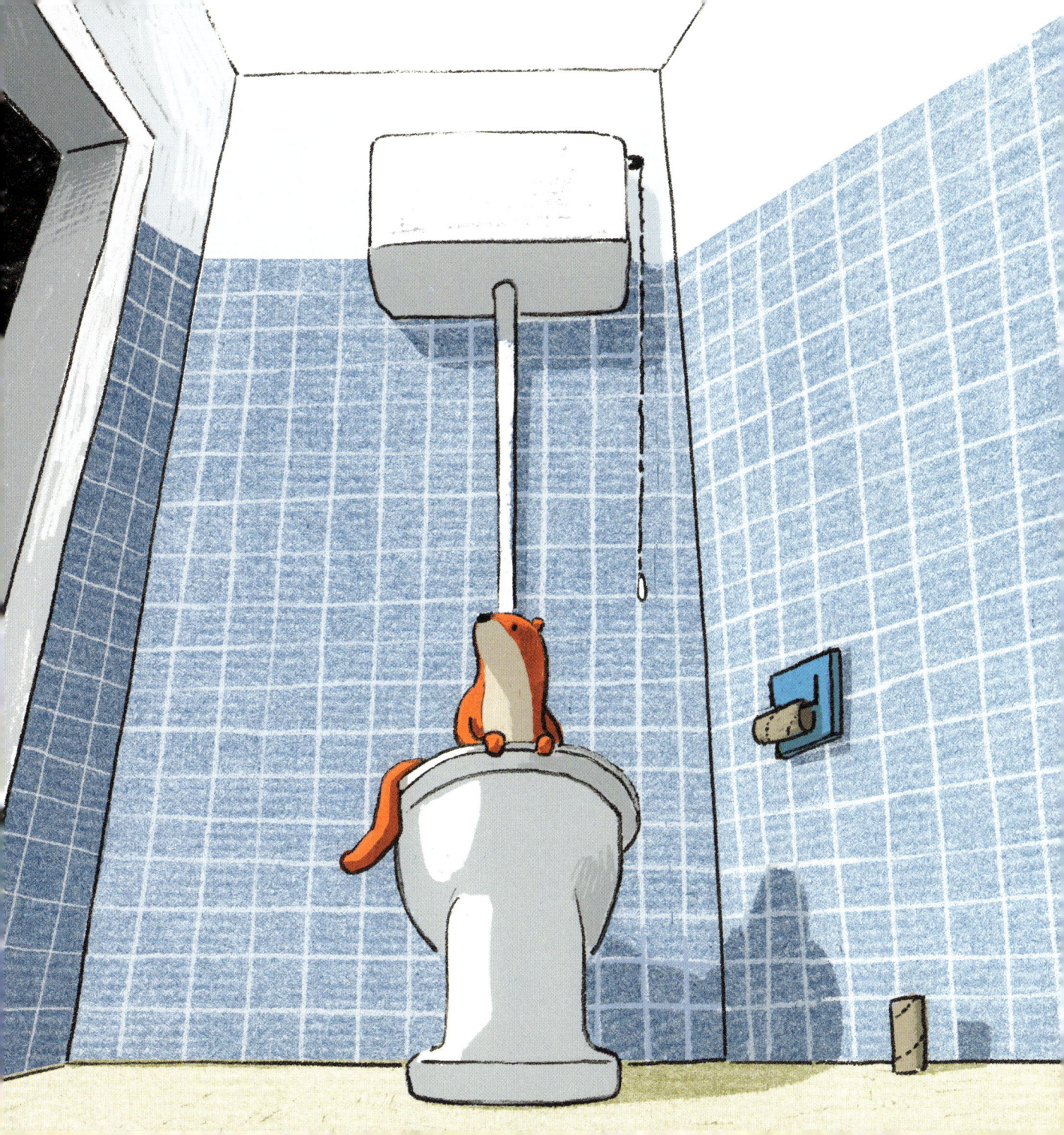

Soll man Currywurst vergessen
und nur noch Gemüse essen?

Soll man schmoren oder dämpfen?

Warum muss man immer kämpfen?

Was wenn, das Horoskop sich irrt?
Ob ein Herz beim Brechen klirrt?

Warum tut die Liebe weh
wie ein blaugequetschter Zeh?

In meinem Hals den dicken Kloß,
wie kriege ich den wieder los?

Findet uns das Glück am Ende?

Tausend Fragen frag ich mich.
Doch was ich weiß: